UND WAS WIRD JETZT MIT MIR?

SCHEIDUNG – Die besten Antworten auf wichtige Kinderfragen

Ein Buch von Jan von Holleben
Text von Dialika Neufeld nach einem Konzept
von Arne Jørgen Kjosbakken

Gabriel

INHALT

Antwortem auf deine Fragen **5**

Meine Eltern wollen sich trennen **6**

Warum lassen sich Menschen scheiden?
Bin ich schuld am Streit oder an der Trennung?
Was kann ich tun, wenn es Streit gibt?
Lieben sich meine Eltern noch?
Sind wir jetzt noch eine richtige Familie?
Was, wenn nur einer von beiden die Trennung will?
Haben mich meine Eltern jetzt noch lieb?
Kann ich selbst entscheiden, wo ich wohnen möchte?
Muss ich meinen Freunden von der Trennung erzählen?

Papa zieht aus **28**

Wie lange dauert eine Scheidung?
Wird sich jetzt alles ändern?
Werden wir dann noch genug Geld haben?
Wie kann ich meinen Eltern helfen?
Warum tut mein Bauch so oft weh?
Wie schaffe ich es, beim Pendeln an alles zu denken?
Gibt es irgendetwas Gutes an einer Trennung?
Warum müssen meine Eltern vor Gericht gehen?

Wenn Scheidung Alltag wird **50**

Wer liebt mich mehr, mein Vater oder meine Mutter?
Was hilft, wenn ich Mama oder Papa vermisse?
Muss ich am Wochenende zu meinem Vater gehen,
wenn ich keine Lust habe?
Muss ich meiner Mutter erzählen, wie mein Vater so lebt?
Warum sagen meine Eltern böse Dinge übereinander?
Ist meine Mutter traurig, wenn ich bei meinem Vater bin?
Warum kommt Papa nicht zu meinem Geburtstag?
Sind meine Eltern auch traurig über die Trennung?
Kann man Eltern verlieren?

Neue Familien und andere komplizierte Sachen **72**

Kann ich mehrere Eltern haben?
Bin ich dann auch geschieden?
Werde ich bei beiden ein eigenes Zimmer haben?
Hat Papa mich noch genauso lieb,
wenn ich mit Mama in eine andere Stadt ziehe?
Warum suchen sich meine Eltern neue Partner?
Was kann ich tun, wenn ich den neuen Freund
meiner Mutter nicht mag?
Warum ist das neue Baby auf einmal wichtiger als ich?
Liebt Mama ihren neuen Freund mehr als mich?
Wohin kann ich gehen, wenn mir alles zu viel wird?

Antworten auf deine Fragen

Wahrscheinlich liest du dieses Buch, weil sich deine Eltern gerade trennen oder getrennt haben. Viele Kinder vor dir haben das erlebt und sich ähnliche Fragen gestellt wie du. Deswegen haben wir die häufigsten Kinderfragen zur Trennung für dieses Buch gesammelt. Es kann sein, dass die Situation in deiner Familie ein bisschen anders ist. Vielleicht musst du manchmal das Wort Mama gegen das Wort Papa austauschen oder umgekehrt, aber der Inhalt der Antwort kann trotzdem genau richtig für dich sein. Menschen und Familien sind eben unterschiedlich. Du wirst schnell erkennen, welche Fragen und Antworten dir in deinem Alltag weiterhelfen, und die anderen überspringst du einfach. Vielleicht schaust du dir manchmal nur die Bilder an, liest den Text ganz oder nur einen Teil davon, alleine oder zusammen mit jemandem, der dir wichtig ist. Ganz egal, wie du es machst: Es kann richtig guttun, endlich mehr über das Thema Trennung zu erfahren.

MEINE ELTERN WOLLEN SICH TRENNEN

Warum lassen sich Menschen scheiden?

Natürlich wünschen sich Paare, die heiraten, dass sie für immer zusammenbleiben. Logisch. Dafür ist die Ehe gedacht. Deshalb fragt der Pfarrer in der Kirche Braut und Bräutigam, ob sie füreinander da sein wollen, »bis dass der Tod sie scheidet«. Bei vielen hält die Ehe, bei vielen aber auch nicht: In Deutschland wird jede dritte Ehe geschieden.

Mit den Liebesbeziehungen von Erwachsenen ist es nämlich so ähnlich wie mit den Jahreszeiten: Sie verändern sich mit der Zeit. Manchmal ist Frühling oder Sommer, die Sonne scheint, alles fühlt sich schön und heiter an. Aber manchmal ist eben Herbst und Winter. Es wird dunkler am Himmel, die Blätter fallen von den Bäumen, es regnet und ist furchtbar kalt. Genauso kann es in der Beziehung von Eltern aus unterschiedlichen Gründen ungemütlich werden: weil der Alltag zu anstrengend ist, weil das Geld nicht reicht, sich ein Elternteil in jemand anderen verliebt oder sich die beiden einfach nichts mehr zu erzählen haben. Das sind die Zeiten, in denen sich zeigt, ob die Ehe mieses Wetter überstehen kann. Die meisten Eltern versuchen, sich dick einzupacken und um ihre Liebe zu kämpfen. Sie geben sich Mühe, doch oft sind die Probleme so groß, dass die Liebe nicht ausreicht, um als Familie weiterzumachen wie bisher. Niemand will in einem Zuhause leben, in dem nur noch gestritten wird und alle unglücklich sind. Da kann es besser sein, wenn die Eltern sich trennen. So bekommen Mama und Papa die Chance, neu anzufangen – mit ihren Kindern natürlich.

Mehr als 130 000 Kinder werden jedes Jahr zu Scheidungskindern, die zahllosen Kinder, deren Eltern sich trennen, aber nicht verheiratet waren, nicht mitgerechnet. Das sind so viele – sie könnten locker eine ganze Stadt füllen. Würzburg oder Göttingen zum Beispiel. All diese Kinder sind nicht gefragt worden, ob sie mit der Scheidung oder Trennung einverstanden sind. Du bist also nicht allein. In jeder Schulklasse wirst du Kinder finden, deren Eltern nicht mehr zusammen sind.

Bin ich schuld am Streit oder an der Trennung?

Diese Frage stellen sich fast alle Kinder, deren Eltern Probleme haben und sich trennen. Und immer ist die Antwort gleich: Nein, auf keinen Fall bist du schuld. Nicht daran, dass deine Eltern nicht mehr glücklich miteinander sind. Nicht daran, dass sie dauernd streiten, und auch nicht daran, dass einer von ihnen ausziehen will. Selbst wenn du im Zoff deiner Eltern mal deinen Namen hörst, heißt das nicht, dass du etwas falsch gemacht hast. Wenn sich zwei um ein iPad streiten, kann ja das iPad nichts dafür. Die Ursache liegt immer bei den Streitenden.

AIR CARGO
AIR CARGO

973
Studio

Was kann ich tun, wenn es Streit gibt?

Wenn Eltern gemeine Sachen zueinander sagen und sich anschreien, dann tut das Kindern ganz schön weh. Manchmal fühlt es sich so an, als wäre ein Gewitter mit dicken, dunklen Wolken mitten ins Wohnzimmer gezogen. Du kannst dann versuchen, dich in deinem Zimmer zu verschanzen, aber wahrscheinlich wirst du die Stimmen deiner Eltern noch durch die Wände hören können. Da kann es ganz schön schwierig werden, sich abzulenken. Klar: Du möchtest deine Eltern dazu bringen, sich wieder zu vertragen. Endlich wieder freundlich zueinander zu sein. Das ist ganz normal, denn du hast sie lieb, wahrscheinlich lieber als alle anderen Menschen auf der Welt. Aber es ist nicht dein Job, bei den beiden Streithähnen dazwischenzugehen. Du bist ein Kind, und als Kind kann man sich nicht um die Probleme der Erwachsenen kümmern, diese Aufgabe wäre viel zu groß für dich. Das müssen deine Eltern schon selbst wieder hinkriegen. Natürlich kannst du deine Meinung sagen, du musst ja schließlich mit der schlechten Stimmung zu Hause klarkommen. Du kannst deine Eltern auch alles fragen: »Worum ging es in eurem Streit?«, »Was ist los mit euch?«. Vielleicht hilft dir das, sie besser zu verstehen. Aber ihre Probleme kannst du nicht lösen.

Erinnere sie daran, dass du sie hören kannst, wenn sie sich streiten. Zeig ihnen, wie doof das für dich ist. Vielleicht werden sie dann versuchen, etwas mehr Rücksicht zu nehmen. Am besten suchst du dir jemanden, mit dem du darüber reden kannst – mit deinem Bruder oder deiner Schwester, falls du Geschwister hast, denn sie können am besten verstehen, wie es dir gerade geht. Oder du redest mit Freunden, Großeltern oder einer Lehrerin darüber, wenn es zu schlimm wird. Auch wenn sie an der Situation nichts ändern können, es wird dir danach besser gehen.

START
START

Lieben sich meine Eltern noch?

Liebe kann bunte Schmetterlinge im Bauch fliegen lassen und Erwachsene irre glücklich machen. Sie kann mit der Zeit aber auch ganz schön kompliziert werden. Und manchmal hört sie einfach auf. Das ist traurig, kann aber passieren. Denn Gefühle verändern sich. Die Gründe dafür sind ganz unterschiedlich. Denk mal an zwei Menschen, die sich zusammen auf eine lange Reise wagen. Sie haben ihre Koffer gepackt, haben sie bis oben hin mit Träumen für die Zukunft gefüllt. So ist es bei den meisten, die heiraten, wahrscheinlich war es vor langer Zeit bei deinen Eltern genauso. Die Reisenden glauben daran, dass ihre Liebe für immer halten wird, und sie machen sich auf den Weg in ein gemeinsames Leben. Unterwegs erleben sie viel Schönes zusammen, bestreiten Abenteuer, bekommen Kinder, die sie von nun an auf die Reise mitnehmen. Aber manchmal passieren auf so einer langen Strecke Pannen, Unfälle und Dinge, die so nicht geplant waren. Vielleicht macht der eine etwas, was den anderen furchtbar enttäuscht. Möglicherweise verliebt sich einer der Reisenden in jemand anderes. Oder die beiden haben nicht mehr dieselben Träume und Ziele wie am Anfang, und es gibt nur noch Streit über die richtige Richtung. Oft verändern sich Menschen auch und passen einfach nicht mehr so gut zusammen. So kann die Liebe unterwegs schon mal verloren gehen. Dann kann es für die Reisenden besser sein, an der nächsten Kreuzung in zwei unterschiedliche Richtungen abzubiegen und sich zu trennen. So wie deine Eltern. Vielleicht mögen sie sich sogar noch, denn schließlich haben sie eine ziemlich weite Strecke miteinander zurückgelegt, und sie waren lange ein Team. Aber jetzt sind die Gefühle nicht mehr stark genug, um zusammenzubleiben.

Sind wir jetzt noch eine richtige Familie?

Ja. Allerdings anders als bisher. Die Familie, wie du sie kennst, gibt es nicht mehr. Stattdessen verteilt sie sich jetzt auf zwei Orte, hat einen neuen Alltag mit neuen Regeln und Gewohnheiten – denn ihr lebt nicht mehr alle zusammen und müsst euch neu organisieren. Vielen Kindern fällt es schwer zu glauben, dass auch getrennte Familien *richtige* Familien sein können, und sie brauchen Zeit, bis sie sich an den Gedanken gewöhnen. Wahrscheinlich wird es dir genauso gehen. Aber irgendwann ist die neue Familie für die meisten Kinder ziemlich normal. Außerdem: Was soll das eigentlich sein, eine *richtige* Familie? Darüber diskutieren Politiker immer wieder, denn früher hat man nur verheiratete Eltern und ihre Kinder als Familie angesehen. Das passt aber schon lange nicht mehr zu unserem modernen Leben. Weil Kinder heute ganz unterschiedlich aufwachsen: Manche leben zusammen mit beiden Eltern, und oft sind die gar nicht verheiratet. Andere wohnen nur beim Vater. Wieder andere nur bei der Mutter. Oder abwechselnd bei beiden. Manche haben sogar zwei Väter oder zwei Mütter. Familie kann also alles Mögliche bedeuten. Fest steht: Du wirst immer einen Vater und eine Mutter haben, und die gehören zur Familie, selbst wenn sie nicht mehr zusammenleben. Eine Familie kann nach der Trennung der Eltern sogar wachsen. Für manche Kinder fühlt sich die neue Freundin vom Papa oder der neue Freund der Mama irgendwann wie Familie an, und deren Kinder werden zu Geschwistern. Das nennt man dann »Patchwork«. Das ist Englisch und heißt so viel wie Flickenteppich – weil Familie manchmal bunt ist wie ein Teppich aus vielen verschiedenen Stoffen. Eine Patchwork-Familie kann Spaß machen. Aber auch ziemlich anstrengend sein. Es kann lange dauern, bis alle zusammengewachsen sind.

Was, wenn nur einer von beiden die Trennung will?

Kennst du das? Jemand will nicht mehr mit dir befreundet sein, und du kannst nichts dagegen tun? Das ist ungerecht, kann aber leider passieren! Denn zu einer Freundschaft gehören immer zwei – und wenn einer nicht mehr will, kann man ihn nicht zwingen. Du kannst versuchen, den anderen umzustimmen. Du kannst dich entschuldigen, wenn es Streit gegeben hat. Doch wenn das nicht reicht, musst du seine oder ihre Entscheidung wohl akzeptieren. So ist es auch mit den Beziehungen von Erwachsenen. Sie funktionieren nur, wenn beide sie wollen, und Liebe kann niemand erzwingen. Sie ist da oder eben nicht. Es ist total verständlich, wenn du wütend auf denjenigen bist, der die Trennung will – und sicherlich tut dir der Elternteil, der sie nicht will, leid. Bestimmt wünschst du dir, dass Mama oder Papa sich einfach zusammenreißt und die Idee mit der Trennung irgendwo im Keller versteckt, damit ihr so weitermachen könnt, als wäre nichts gewesen. Aber davon hätte niemand was. Denn wenn einer nur so tut, als sei alles okay, und in Wirklichkeit ist er unglücklich, merken das sowieso bald alle. Das wäre in etwa so, als würde man mit jemandem spielen, der keine Lust hat. Und das macht überhaupt keinen Spaß. Früher, als deine Ur-Großeltern jung waren, sind die Menschen zusammengeblieben, selbst wenn sie sich überhaupt nicht mehr mit ihrem Partner verstanden haben. Sogar noch, wenn sie schlecht behandelt wurden – und nicht selten hatten sie eine lange, unglückliche Ehe. So gesehen ist es gut, dass heute jeder das Recht hat zu sagen: »Stopp! Ich will nicht mehr!« Bei einer Scheidung müssen trotzdem beide zustimmen, damit sie gültig wird. Wenn nicht, muss derjenige, der die Scheidung will, vor Gericht beweisen, dass die Ehe kaputt ist. Oder sich trennen und drei Jahre warten. Danach kann man sich ohne die Zustimmung des Anderen scheiden lassen.

Haben mich meine Eltern jetzt noch lieb?

Die Vorstellung, dass einen der eigene Papa oder die Mama nicht mehr lieb haben könnte, ist wirklich ganz schön unheimlich. So ähnlich wie die Angst, die einen überfällt, wenn man nachts durch einen schlimmen Traum aufwacht und noch kurz denkt, der Traum wäre wirklich passiert. Aber wenn Eltern mehr damit beschäftigt sind, miteinander zu diskutieren, eine neue Wohnung zu suchen oder sich um ihre neuen Partner zu kümmern, als einen in den Arm zu nehmen oder zu fragen, wie es in der Schule war, ist es ganz normal, dass man sich Sorgen macht. Frag ganz direkt: »Hast du mich noch lieb?« Dann brauchst du nicht ewig darüber nachzudenken. Zum Glück ist es ja so: Es passiert so gut wie nie, dass Eltern ihre Kinder nicht mehr lieb haben. Denn die Liebe zwischen Eltern und einem Kind ist etwas ganz anderes als die Liebe zwischen zwei Erwachsenen. Mütter und Väter hängen an ihren Kindern, als gäbe es eine unsichtbare Schnur, die ihre Herzen miteinander verbindet. Und die reißt nicht so leicht. Die ist immer da, auch wenn man sich mal nicht sieht oder weniger miteinander kuschelt als sonst. Wahrscheinlich sind deine Eltern im Moment einfach selbst viel zu durcheinander, um dir ihre Gefühle so zeigen zu können wie sonst. Immerhin ist auch für sie die Situation ganz neu, ihr ganzes Leben steht auf dem Kopf. Wenn sie sich komisch verhalten, hat das also nichts mit dir zu tun. Gib ihnen Zeit, das Chaos in ihrem Innern aufzuräumen.

Kann ich selbst entscheiden, wo ich wohnen möchte?

Viele Kinder wohnen nach der Trennung ihrer Eltern bei ihrer Mutter und verbringen jedes zweite Wochenende und einen Teil der Ferien beim Vater. Bei einigen ist es umgekehrt. Andere wechseln jede Woche ihr Zuhause. Wieder andere sehen ein Elternteil nur selten. Wahrscheinlich denkst du jetzt: »Hey, das ist doch mein Leben! Ich will selbst bestimmen, wo ich wohne! Ich muss ja schließlich damit zurechtkommen.« Das ist völlig einleuchtend. Nur: Du bist noch nicht erwachsen, und für Kinder in deinem Alter sind solche Entscheidungen einfach zu groß. Immerhin geht es nicht nur um die Frage, in welcher Wohnung du wohnen sollst, sondern vor allem darum, wer am besten für dich sorgen kann. Bei wem bist du besser aufgehoben? Wo wirst du dich am besten entwickeln? Oft gibt es auch praktische Gründe, warum ein Kind lieber mehr beim einen oder anderen leben sollte: Die Nähe zur Schule, zu Großeltern, Freunden. Oder wenn ein Elternteil den ganzen Tag arbeitet, viel auf Dienstreise ist, und gar keine Zeit hat. Rede mit deinen Eltern darüber, wo du lieber leben möchtest! Sag ihnen, was du denkst. Denn es ist ihnen wichtig, dass es dir gut geht, gerade jetzt.

Der Großteil der Eltern kann sich nach der Trennung einigen, wer sich wann und wie viel um das Kind kümmert. In Deutschland streiten sich darüber nur wenige Eltern vor Gericht. In solchen Problemfällen entscheidet ein Richter für sie. Kinder können dann einen sogenannten Verfahrensbeistand bekommen. Das ist jemand, der an ihrer Seite ist und aufpasst, dass ihre Wünsche nicht untergehen. Der Richter kann Kinder direkt fragen, bei wem sie am liebsten wohnen möchten. Sobald sie 14 sind, *muss* der Richter ihre Wünsche sogar anhören, wenn sie mit der Regelung nicht einverstanden sind. Aber erst mit 18 Jahren dürfen sie allein entscheiden.

Muss ich meinen Freunden von der Trennung erzählen?

Du *musst* nicht, aber du solltest! Aus drei einfachen Gründen:

1. Es tut gut, mit seinen Freunden zu reden. Wir alle brauchen Menschen, denen wir vertrauen und mit denen wir unsere Sorgen besprechen können. Möglicherweise ist unter deinen Freunden ja sogar der ein oder andere, der dir gute Tipps geben kann – von Trennungskind zu Trennungskind sozusagen. Es gibt viel mehr Kinder mit getrennt lebenden Eltern, als du denkst. Da ist nichts, wofür du dich schämen musst.
2. Deine Freunde merken wahrscheinlich sowieso, dass bei euch zu Hause etwas anders ist. Wenn ihr immer gemeinsam zur Schule gegangen seid und du auf einmal aus einer anderen Richtung kommst zum Beispiel. Oder wenn sie dich besuchen und merken, dass hier gerade jemand ausgezogen ist. Außerdem: Wirklich gute Freunde spüren eh, wenn du traurig bist. Dann kannst du es ihnen eigentlich auch gleich erzählen.
3. Seine Gefühle zu verstecken und so zu tun, als wäre alles beim Alten, macht es nur noch anstrengender. Selbst wenn es schwer ist, über die Trennung zu sprechen – es ist sicher leichter, als »heile Welt« vorzuspielen. Wenn es dir doch zu unangenehm ist oder du einfach keine Lust hast, kannst du deine Eltern bitten, das Reden für dich zu übernehmen. Sie können zum Beispiel in der Schule Bescheid sagen, was gerade bei euch los ist. Oder mit den Eltern deiner besten Freunde sprechen. Wann der richtige Zeitpunkt ist, es zu erzählen, bestimmst natürlich du. Vielleicht, wenn deine Eltern auseinanderziehen. Vielleicht sogar schon viel früher.

PAPA ZIEHT AUS

Wie lange dauert eine Scheidung?

Eine Scheidung hört eigentlich nie ganz auf. Anders als dein Lieblingsfilm hat sie keinen Schluss, und sie hat auch keinen letzten Tag wie dein Schuljahr. Denn selbst wenn sie nicht mehr zusammen sind, werden deine Mutter und dein Vater immer deine Eltern bleiben. Und die Scheidung wird euch alle ein bisschen verändert haben. Das Gute ist: Das Traurigsein und die Sorgen gehen vorbei. Mit jedem Tag, der vergeht, wird sich die Scheidung anders für dich anfühlen – auch, weil du dich als Kind so schnell entwickelst. Versuch mal, dir das Ganze wie ein Blatt Papier vorzustellen. Wenn du es faltest – zu einem Flieger zum Beispiel –, dann veränderst du das Blatt für immer. Du kannst es zwar wieder auseinanderfalten, aber die Knicklinien im Papier werden bleiben. An ihnen erkennst du die Vergangenheit. Bei einer Scheidung fällt es den meisten Kindern schwer zu verstehen, was gerade passiert. Wahrscheinlich bist du traurig und die Zukunft macht dir Angst. Aber irgendwann hören die meisten Eltern auf, sich zu streiten, und versuchen, alles vernünftig miteinander zu klären. Gemeinsam beginnt ihr, aus dem alten Blatt etwas Neues zu falten, einen Stern vielleicht. Es geht wieder bergauf. Irgendwann kommt es den meisten Kindern gar nicht mehr so komisch vor, dass ein Elternteil nicht mehr zu Hause wohnt, sondern sie ihn in einer anderen Wohnung besuchen. Vielleicht unternehmen sie etwas Besonderes zusammen, wenn sie sich treffen, gehen ein Eis essen oder in einen Vergnügungspark, und mit jedem schönen Erlebnis kommen wieder neue Linien auf das Blatt. Die alten sind dann zwar immer noch da, aber das Papier sieht anders aus als zu Beginn. Und eines Tages, wenn das Blatt voller Linien ist, denkst du nicht mehr so viel über die Scheidung nach, die neue Situation ist normal geworden.

15 26
7:20

Wird sich jetzt alles ändern?

Vieles bleibt zum Glück auch nach der Trennung deiner Eltern so, wie es immer war: dass sie dich lieben zum Beispiel. Dass morgens die Sonne aufgeht, du frühstückst und zur Schule gehst. Dass du Freunde hast. Aber einiges verändert sich eben, ohne dass du es beeinflussen kannst, und das kann sich beängstigend anfühlen. Wie wenn man im Meer oder im See badet und auf einmal eine dieser komischen Stellen am Grund erscheint. Man traut sich nicht darüber hinwegzuschwimmen, weil man nicht weiß, was da unter einem lauert. Wenn man aber die Taucherbrille aufsetzt und genauer hinschaut, sieht man, dass es eigentlich nur Algen und ein paar kleine Muscheln sind. Also alles gar nicht so schlimm. So ähnlich geht es vielen Kindern mit den Veränderungen nach der Trennung. Das Neue fühlt sich unheimlich für sie an und macht sie unsicher, aber bald gewöhnen sie sich daran. An das zweite Zuhause, die Papa- oder Mamawochenenden, Mamas neuen Freund, Papas neue Freundin – an all den Wandel, den eine Trennung mit sich bringt. Am besten redest du mit deinen Eltern darüber, welche Dinge sich auf gar keinen Fall verändern sollten. Sag ihnen, warum es dir wichtig ist, dass manches so bleibt wie immer. Sie sollten versuchen, deine Wünsche zu respektieren. Anders als bei Eltern, die nicht verheiratet waren, gibt es für Geschiedene und ihre Kinder neben den Veränderungen im Alltag manchmal Probleme mit ihrer Religion. Es gibt nämlich Glaubensrichtungen, bei denen eine Scheidung nicht akzeptiert wird. In bestimmten Fällen kann das sogar dazu führen, dass die Familie aus der Gemeinschaft ausgeschlossen wird und sich Freunde und Bekannte einfach abwenden. Das ist dann besonders hart, auch für die Kinder. Zum Glück sind das aber nur Ausnahmen. In unserer Gesellschaft wird eine solche Entscheidung fast immer respektiert.

Werden wir dann noch genug Geld haben?

Wenn sich Eltern trennen, müssen sie nicht nur ihr gemeinsames Leben in gerechte Stücke teilen wie einen Kuchen – überlegen, wer das Sofa behalten darf, wer den Fernseher mitnehmen soll und wer in Zukunft das Auto fährt – nein, sie müssen auch das Geld, das sie vorher gemeinsam zur Verfügung hatten, teilen. Und teilen bedeutet erst einmal weniger. Ist ja klar. Gleichzeitig kann eine Trennung ganz schön viel kosten: Wenn sich Eltern scheiden lassen, müssen sie zum Beispiel einen Anwalt bezahlen, und es gibt Gerichtskosten. Das Geld, mit dem ihr vorher eure Miete bezahlt habt, muss jetzt für zwei Wohnungen reichen. Und das zweite Zuhause muss ja auch noch eingerichtet werden. Vielleicht braucht ihr jetzt ein zweites Auto. Und falls ein Elternteil in eine andere Stadt zieht, müssen Zugtickets gekauft werden, damit du am Wochenende hin- und herfahren kannst. Also ja: Wahrscheinlich werdet ihr weniger Geld haben, und je nachdem, wie viel deine Eltern verdienen, kann es sein, dass du eine Zeit lang auf ein paar Dinge verzichten musst, die vorher normal für dich waren. Teure Klamotten zum Beispiel, neues Spielzeug, Kinobesuche oder eine Flugreise in den Urlaub. Wenn deine Eltern im Moment häufiger sagen »Wir können uns das nicht leisten«, stimmt es wahrscheinlich. Das ist nicht lustig. Aber keine Sorge: Das, was du wirklich brauchst im Leben, wird weiterhin da sein. Genug zu essen, etwas zum Anziehen, Schulsachen und ein Dach überm Kopf. Und das Wichtigste: die Menschen, die du lieb hast. Außerdem gibt es so viele Sachen, die man unternehmen kann, ohne wer weiß was zu bezahlen. Eine tolle Fahrradtour, Baden im See, Freunde einladen, einen Flohmarktstand vor der Haustür. Dir fallen bestimmt 100 Dinge ein. Spaß muss nicht immer teuer sein.

Wie kann ich meinen Eltern helfen?

Kinder sollen spielen, lernen, Spaß haben und sich möglichst wenig Sorgen machen müssen – eben Kinder sein. So ist es gedacht. Nur klappt das mit dem Keine-Sorgen-Machen nicht immer ganz. Denn manchmal gelangen die komplizierten Dinge aus der Erwachsenenwelt aus Versehen in die Kinderwelt. Wenn sich deine Eltern zum Beispiel viel streiten, wenn sie sich trennen wollen und unglücklich sind, bekommst du das mit. Es ist verständlich, dass du dich sorgst und deiner Mama und deinem Papa helfen möchtest, sich endlich zu vertragen. Aber genauso, wie es nicht deine Schuld ist, dass sie sich trennen, ist es nicht deine Aufgabe, ihnen zu helfen, ihre Probleme in den Griff zu bekommen. Auch wenn du dich stark fühlst wie Superman und Pippi Langstrumpf zusammen: Das gehört ganz klar in die Erwachsenenwelt. Das müssen deine Eltern selber schaffen. Oder sie können sich Hilfe bei anderen Erwachsenen suchen. Bei guten Freunden oder vielleicht sogar bei einem Therapeuten oder Anwalt. Wenn dir danach ist, kannst du natürlich versuchen deine Mama oder deinen Papa etwas zu trösten, wenn sie traurig sind. Du kannst besonders lieb zu ihnen sein, ihnen eine Freude machen, indem du ihnen ein schönes Bild malst, mal Frühstück machst oder dein Zimmer aufräumst. Sicher wird sie das aufmuntern. Aber sei nicht enttäuscht, wenn sie danach wieder traurig sind. Du hast ja keine Superkräfte, und die Gefühle deiner Eltern lassen sich nicht einfach wegzaubern. Spiel ihnen auch nichts vor. Wenn es dir nicht gut geht, ist das in Ordnung. Versuch am besten, du selbst zu sein, in der Kinderwelt zu bleiben und dir nicht zu viele Gedanken zu machen – damit hilfst du deinen Eltern wahrscheinlich am meisten.

Warum tut mein Bauch so oft weh?

Manche Körperteile funktionieren so ähnlich wie die leuchtenden Anzeigen vorn im Auto. Nur, dass sie nicht Geschwindigkeit, Ölstand oder Tank anzeigen, sondern den Zustand unserer Seele. An ihnen können wir ablesen, ob wir traurig sind oder glücklich, ob wir uns Sorgen machen, Stress haben oder uns ganz entspannt fühlen. Wenn wir zum Beispiel etwas Tolles erleben und einfach glücklich sind, wird das Herz ganz leicht und der Bauch schön kribbelig, als würden darin die Gefühle tanzen. Wenn wir unglücklich sind, passiert das Gegenteil, dann gehen die Alarmleuchten an: Das Herz wird schwer wie ein Rucksack voller Bücher, und der Bauch fühlt sich an, als hätten wir einen Haufen Steine gegessen. Darum sprechen Erwachsene auch manchmal davon, dass ihnen etwas auf den Magen schlägt oder sie Herzschmerz haben. Wenn sich dein Körper meldet, kann das also einfach ein Zeichen dafür sein, dass du traurig bist. Dass du mit dem Durcheinander in deinem Kopf und deinem Herzen noch nicht so richtig umgehen kannst. Das ist völlig normal. Denn wenn sich Eltern trennen, passieren ja schließlich viele Dinge, die neu sind und verwirrend. Das kann dir schnell zu viel werden. Damit wir ohne Magenschmerzen mit unserem Leben weitermachen können, ist es wichtig, die Gefühle rauszulassen, auch mal zu schreien und richtig zu weinen. Die beste Medizin gegen Traurigkeit ist, mit Menschen darüber zu reden. Dann bist du nicht mehr allein mit deinem schweren Herzen. Lass dich von Mama, Papa, Oma, Opa oder deinen Geschwistern in den Arm nehmen und trösten. Es gibt auch noch ein paar andere Tricks, die dir ein bisschen helfen können: Schreib deine Sorgen in ein Tagebuch. Tu dir etwas Gutes, trink eine heiße Schokolade oder mach es dir gemütlich und schau einen lustigen Film. Verabrede dich mit Freunden und unternimm etwas Spannendes.

Wie schaffe ich es, beim Pendeln an alles zu denken?

»Ich packe meinen Koffer und nehme mit …«: eine Zahnbürste, drei Unterhosen, drei Paar Socken, zwei T-Shirts, ein Paar Jeans, Kopfhörer, Schlafanzug, einen Kuschelhasen, zwei Lollies. Und nicht vergessen: Schlüssel, Handy, Fahrkarte, Schulsachen, Lieblingsbuch. Und? Konntest du dir das jetzt alles merken? Wahrscheinlich nicht. Wie in dem Spiel, bei dem man sich an alle Dinge erinnern soll, die die Mitspieler im Kreis in den Koffer gepackt haben, ist es auch im echten Leben ganz schön schwer, an alles zu denken, was man so braucht, wenn man für ein paar Tage woanders ist. Falls deine Eltern entschieden haben, dass du abwechselnd bei beiden wohnen sollst, wirst du nun öfter deine Sachen zusammenpacken. Mal nur für ein paar Übernachtungen. Mal für länger. So geht es fast allen Trennungskindern. Es gibt Jungs und Mädchen, die jede Woche die Wohnung wechseln. Andere alle zwei Wochen. Die meisten verbringen nur die Wochenenden beim anderen Elternteil und einen Teil der Ferien. Manche Kinder haben ein eigenes Zimmer in beiden Wohnungen. Manche schlafen im zweiten Zuhause auf der Couch und haben für ihren Kram nur ein paar Schubladen in der Flurkommode. So oder so, Kinder, die zwischen ihren Eltern hin- und herpendeln, müssen an einiges denken. Was gegen das Vergessen hilft: Mach eine Liste, auf der du jedes Mal die wichtigsten Sachen abhaken kannst. Geh deinen Stundenplan für die nächste Woche durch und pack Fach für Fach deine Schulsachen ein. Überleg genau, wie viele Tage und Nächte du bei deiner Mama oder deinem Papa schlafen wirst. Finde heraus, wie das Wetter wird, damit du bei Regen nicht ohne Jacke dastehst. Am besten hast du die wichtigsten Sachen doppelt, Zahnbürsten zum Beispiel. Du wirst sehen: Schon nach ein paar Wochen wirst du ein echter Einpack-Profi sein.

Kriegen d
Nr. 176
SPIEGEL

Gibt es irgendetwas Gutes an einer Trennung?

Gibt es irgendetwas Gutes an einer Trennung?

Die Idee, dass die Trennung deiner Eltern gut sein kann, ist für dich wahrscheinlich gerade so weit weg wie der Mars. Und du hast recht! Wenn sich die eigenen Eltern trennen, ist das ziemlich großer Mist. Es macht traurig, wütend und ängstlich. Doch ein paar gute Seiten kann die Trennung tatsächlich haben. Man muss nur genau hinsehen – wie durch ein Teleskop. Dann kannst du vielleicht erkennen, dass sie ein Neuanfang für deine Familie sein kann, eine Chance für deine Eltern, alte Probleme hinter sich zu lassen und nach vorn zu schauen. Wenn Papa oder Mama auszieht und deine Eltern alles miteinander geregelt haben, gibt es endlich keine Auseinandersetzungen mehr. Und so haben deine Eltern vielleicht wieder mehr Zeit und Aufmerksamkeit für dich. Manche Kinder finden es irgendwann sogar schön, regelmäßige Papa- oder Mamawochenenden zu haben. Denn viele Eltern nehmen sich extra viel Zeit und versuchen die gemeinsamen Tage zu etwas Besonderem zu machen. Sogar wenn sich Eltern neu verlieben, kann das eine gute Nachricht sein: Denn glücklichere Eltern sind bessere Eltern, und vielleicht ist der neue Partner oder die neue Partnerin ja sogar ganz nett.

Warum müssen meine Eltern vor Gericht gehen?

Wenn sie das Wort »Gericht« hören, denken die meisten automatisch an einen Riesenstreit, der sich nur noch von Anwälten und einem strengen Richter in einer Robe schlichten lässt. Und die Vorstellung, dass die eigenen Eltern so einen furchtbaren Streit haben, ist ganz schön gruselig. Aber zum Glück muss ein Gerichtstermin bei einer Scheidung gar nicht immer Ärger bedeuten. Denn in Deutschland ist es so: Wenn sich zwei Menschen scheiden lassen, dann müssen sie *immer* vor Gericht gehen. Ganz egal, ob sie sich prima verstehen und sich längst über alles geeinigt haben oder ob sie noch sauer aufeinander sind – sie müssen von einem Richter geschieden werden, damit die Scheidung wirklich gültig ist. Dass deine Eltern jetzt so einen Termin haben, ist also ganz normal. Und auch wenn es sich doof anfühlt: Für einige ist es sogar richtig gut, dass es Anwälte und Richter gibt, die mal von außen auf das ganze Scheidungs-Durcheinander gucken können und helfen, die Dinge zu ordnen. Immerhin haben deine Eltern ziemlich schwierige Aufgaben vor sich: Sie müssen neue Spielregeln für euer Familienleben festlegen. Und sie müssen alles, was ihnen vorher zusammen gehört hat, gerecht aufteilen. Und gerecht teilen ist – weiß ja jeder – gar nicht immer so leicht. Vor allem, wenn man noch wütend aufeinander ist. Wer kriegt das Sofa? Wer den Fernseher? Wer das Auto? Wer bekommt wie viel Geld von wem? Und die allerwichtigsten Fragen lauten: Wer kümmert sich in Zukunft um dich? Und wie? Wirst du mehr bei Papa oder bei Mama leben oder doch lieber bei beiden abwechselnd? Alles gar nicht so einfach. Da kann es sinnvoll sein, jemanden zu haben, der hilft, vernünftige Entscheidungen zu treffen. Wenn es gut läuft, sind am Ende alle mit den neuen Regeln einverstanden. Und dann kann das Leben weitergehen, ohne Streit.

FRUITS

WENN SCHEIDUNG ALLTAG WIRD

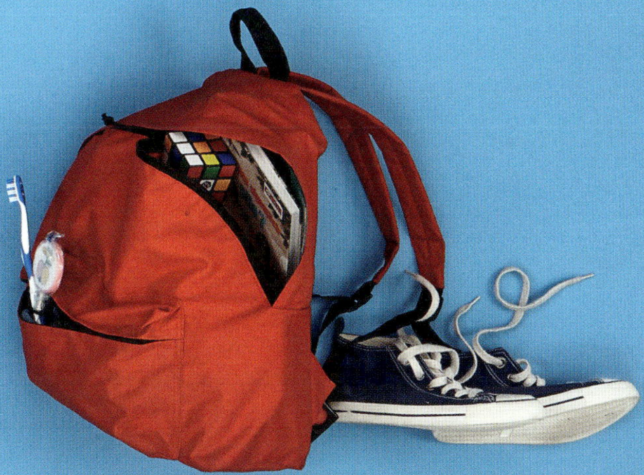

Wer liebt mich mehr, meine Mutter oder mein Vater?

Hast du schon mal einen Turm aus der Ferne betrachtet? Genau. Sieht klitzeklein aus. Je näher man rangeht, desto größer wird er, und wenn man direkt davor steht, sieht man: In Wirklichkeit ist er riesengroß. So ähnlich ist das mit der Elternliebe. Sie ist immer da und immer gleich groß. Nur kann man das nicht sofort erkennen. Manche Eltern können ihre Gefühle zum Beispiel in schwierigen Zeiten nicht so zeigen wie sonst. Oft zieht sich ein Elternteil zurück und beschäftigt sich mit seinen eigenen Problemen. Ist das erledigt, wird die Liebe wieder sichtbarer. Die Liebe kann sich auch kleiner anfühlen als sonst, wenn ein Elternteil gerade frisch verliebt ist und nur noch Augen für den neuen Freund oder die neue Freundin hat. Doch bestimmt ist sie oder er nur ein bisschen abgelenkt.

Wenn ein Elternteil nach der Scheidung ausgezogen ist, vielleicht sogar in eine andere Stadt, kommt es vielen Kindern so vor, als würden Papa oder Mama sie weniger lieben. Das liegt an der Entfernung und daran, dass sie sich nicht mehr so häufig sehen. Wenn sie aber zu Besuch sind – nah dran also –, merken die Kinder, dass die Liebe genauso groß ist wie zuvor. Einige Kinder denken, dass sie der Elternteil, den sie nur am Wochenende sehen, viel lieber hat. Weil viele Wochenendmamas und -papas ihre Kinder verwöhnen – mit Süßigkeiten, Geschenken und tollen Unternehmungen. Sie drücken damit aus, wie sehr sie ihre Kinder vermissen, denn sie haben oft ein schlechtes Gewissen, weil sie die Kinder so selten sehen. Der Elternteil, bei dem ein Kind den Alltag verbringt, muss natürlich auch mehr erziehen und manchmal streng sein, aber das bedeutet nicht, dass er oder sie das Kind weniger liebt. Jeder zeigt seine Gefühle sowieso auf eine andere Weise. Deshalb kann man sie so schlecht vergleichen.

ESPRIT

Was hilft, wenn ich Mama oder Papa vermisse?

Das Vermissen ist das Schwerste bei einer Trennung. Es kann sich anfühlen, als ob man mit Fieber und Schüttelfrost im Bett liegt und sich nicht mehr bewegen mag. Es kann sogar richtig im Bauch wehtun, sich nach dem fehlenden Elternteil zu sehnen. Besonders stark werden diese Gefühle bei wichtigen Ereignissen, die man gern mit beiden teilen will, wenn es zum Beispiel Zeugnisse gibt oder man eine Aufführung mit dem Schultheater hat. Manchmal sind es aber auch ganz kleine Dinge, die das Gefühl ganz schön groß werden lassen können. Vielleicht ist Papa besser im Rumtoben? Vielleicht plant Mama die spannenderen Ausflüge? Es gibt einfach Sachen, die der eine besser kann als der andere, und wenn er weg ist, fehlt etwas. Zum Glück kannst du aber einiges gegen das Vermissen tun. Das beste Mittel: In Kontakt bleiben. Viel telefonieren. Vielleicht sogar über das Internet, über Skype oder Facetime, dann kann man sich sogar dabei sehen, fast, als säße man zusammen am Küchentisch. Erzähl deinem Papa oder deiner Mama von deinem Tag, davon, was gut war und was schlecht, davon was du gern magst und was nicht. So bleibt ihr euch nah. Manchmal hilft es auch, eine kurze SMS oder ganz altmodisch einen Brief zu schreiben. Das kann es einem leichter machen, etwas Wichtiges zu sagen. Zum Beispiel: »Ich vermisse dich« oder »Bitte nimm dir mehr Zeit für mich«.

Muss ich am Wochenende zu meinem Vater gehen, wenn ich keine Lust habe?

Manchmal passt das Papa-Wochenende einfach nicht: wenn ein Freund oder eine Freundin Geburtstag feiert und man absagen muss. Wenn die anderen alle am Samstag in die Schwimmhalle wollen und nur man selbst nicht mitkann. Oder, wenn die Kinder von Papas neuer Freundin am Wochenende auch da sind und man sie richtig doof findet. Manche Kinder sind außerdem genervt vom ewigen Hin und Her. Es gibt viele Gründe, warum es mal keinen Spaß machen kann, den anderen Elternteil zu besuchen. Kein Wunder also, dass sich viele Kinder wünschen, sie könnten selbst entscheiden, ob sie am Wochenende zu Mama oder zu Papa gehen. Doch das ist und bleibt Aufgabe der Eltern. Du hast trotzdem immer das Recht, zu sagen, dass du nicht willst. Dass du andere Pläne hast. Vielleicht auch, dass du dich nicht wohlfühlst, wenn du bei Mama oder Papa bist – dann müsst ihr darüber reden, warum das so ist, und versuchen, etwas zu ändern. Dabei brauchst du keine Rücksicht darauf zu nehmen, ob Papa oder Mama beleidigt sein könnte – immerhin geht es hier um dich. Sie werden es verkraften. Wenn es aber keine richtig guten Gründe gibt, warum du das Wochenende absagen willst, solltest du vielleicht in den sauren Apfel beißen und hingehen. Denn du möchtest ja mit beiden Elternteilen aufwachsen, und das bedeutet, dass es besser ist, beide regelmäßig zu sehen. Nur, wenn man in Kontakt bleibt, miteinander redet und hin und wieder was Schönes zusammen unternimmt, fühlt man sich dem anderen wirklich nah.

Muss ich meiner Mutter erzählen, wie mein Vater so lebt?

Das kannst du, musst du aber nicht. Du bist ja kein Spion, und es ist absolut nicht deine Aufgabe, deine Eltern mit Informationen über den anderen zu füttern. Es gibt Mütter und Väter, die versuchen, ihre Kinder nach jedem Besuch beim andern Elternteil auszuquetschen wie eine reife Zitrone – darüber, wie der Ex-Partner so lebt, ob er sich inzwischen eingerichtet hat, ob er schon einen neuen Partner gefunden hat und so weiter. Oft sind das Eltern, die sich nach der Trennung noch streiten oder die nur das Nötigste miteinander besprechen. Doch in Wirklichkeit wüssten sie vom anderen gern viel mehr und trauen sich nur nicht selbst zu fragen. Oder sie sind einfach zu stolz. Es ist nicht überraschend, wenn du so ein Verhalten ziemlich doof findest. Denn das ist es. Vor allem für dich selbst. Denn wenn Mama oder Papa dich aushorchen, sitzt du zwischen allen Stühlen. So nennt man es, wenn zwei Menschen, die man lieb hat, streiten und man mit hineingezogen wird. Das kann echt unangenehm werden. Sobald du also merkst, dass jemand so etwas versucht, kannst du deshalb deutlich sagen: »Das möchte ich nicht. Ich habe euch beide lieb und will da nicht mit reingezogen werden.« Wenn dein Papa oder deine Mama wollen, dass der andere etwas erfährt, können sie es ihm selbst erzählen. Wenn sie etwas voneinander wissen möchten, sollen sie selber fragen.

ZE-164
ZE-164

Warum sagen meine Eltern böse Dinge übereinander?

Wenn wir wütend werden, ist es, als ob jemand einen Schalter in unserem Kopf umlegt. Dann wird in unserem Gehirn ein Bereich aktiv, der uns in Kampflaune versetzt. Das Herz klopft wie verrückt, Stresshormone überfluten unseren Körper. Wir machen uns bereit, den, der uns ärgert, anzugreifen. Ein anderer Bereich im Gehirn – der, der für vernünftige Gedanken zuständig ist und dafür sorgt, dass wir nett zu unseren Mitmenschen sind – macht leider kurz mal Urlaub. Das führt dazu, dass wir Dinge tun und sagen, die wir eigentlich nicht so meinen. Ist dir bestimmt auch schon mal passiert! Wenn deine Eltern also Böses übereinander sagen, ist ihr Wut-Schalter angeknipst. Sie denken wahrscheinlich gar nicht daran, dass die Worte nicht nur dem anderen, sondern auch dir wehtun können. Schließlich reden sie hier schlecht über jemanden, den du liebst. Selbst wenn es gute Gründe gibt, sauer zu sein, sollten deine Eltern versuchen, den vernünftigen Teil im Kopf nicht ganz auszuschalten. Ein bisschen kannst du ihnen dabei helfen: Erinnere sie daran, dass es dich schmerzt, fiese Sachen über deinen Papa oder deine Mama zu hören. Bei den meisten Eltern lässt der Ärger nach der Trennung aber sowieso nach. Sie streiten weniger, viele können irgendwann wieder anständig miteinander sprechen. Es gibt allerdings Eltern, die weiterstreiten. Die dem Ex-Partner ständig etwas vorwerfen, zum Beispiel, wenn du nach dem Wochenende mit der falschen Jacke nach Hause kommst oder erkältet bist oder was auch immer. Das liegt meist daran, dass sie noch enttäuscht sind und verletzt. Mit dir hat das nichts zu tun und du solltest deswegen auch kein schlechtes Gewissen haben. Es muss Zeit vergehen, bis sich bei deinen Eltern die Enttäuschung gelegt hat und die Verletzungen verheilt sind. Das kann Jahre dauern, bei vielen geht es zum Glück schneller.

Ist meine Mutter traurig, wenn ich bei meinem Vater bin?

Am Anfang wahrscheinlich schon, aber später freut sie sich vielleicht sogar ein bisschen, wenn du bei deinem Vater bist. Aus zwei Gründen. Erstens: Als deine Eltern sich getrennt haben, haben sie beschlossen, dass sie auch in Zukunft gemeinsam für dich sorgen wollen. Du sollst mit Mama UND Papa groß werden. Das ist ihr Wunsch. Denn beide Eltern zu haben ist gut für dich. Deshalb wird deine Mutter zufrieden sein, wenn der Plan klappt, den sie mit deinem Vater geschmiedet hat, und du mal bei ihr und mal bei ihm bist – so wie verabredet. Der zweite Grund, warum sie froh sein könnte: Elternsein ist ganz schön anstrengend. Arbeiten, kochen, abwaschen, aufräumen und aufpassen, dass du immer pünktlich zur Schule kommst, zum Fußball, zum Turnen, Gitarrenunterricht oder was auch immer du in deiner Freizeit so machst – »Puhhhh!«. Bestimmt ist es für deine Mutter schön, mal Pause zu haben. Vielleicht möchte sie Freunde treffen, zum Sport gehen oder einfach in Ruhe ein Buch lesen. Das hat überhaupt nichts damit zu tun, wie stark ihre Liebe für dich ist. Jeder braucht mal Zeit für sich. Anders wäre es allerdings, wenn du von heute auf morgen alles umdrehen und zu deinem Vater ziehen würdest. Dann wäre deine Mutter sicher traurig. Weil sie dich liebt und für dich da sein will. Möglicherweise wäre sie gekränkt und würde sich fragen, ob sie etwas falsch gemacht hat. Die verabredete Aufteilung zwischen Eltern nachträglich zu verändern, ist also eine große Sache. Wenn du dir damit ganz sicher bist, solltest du aber trotzdem nicht zu viel Rücksicht auf ihre Gefühle nehmen und offen darüber reden. Es geht ja immerhin um dich. Darum, wo du dich am wohlsten fühlst.

Warum kommt Papa nicht zu meinem Geburtstag?

Bunte Luftballons, Geschenke, leckerer Schokokuchen und dein Vater oder deine Mutter ist nicht da? Ja, das ist ganz schön doof. Schließlich ist es dein Ehrentag! Und solange du dich erinnern kannst, waren immer beide dabei, wenn du die Kerzen ausgepustet hast. Es ist völlig okay, wenn du traurig und enttäuscht darüber bist, dass das jetzt nicht mehr so sein soll. Aber wahrscheinlich ist es besser so. Denn nur wenigen Eltern gelingt es, während oder nach einer Trennung ihre schlechten Gefühle so gut wegzupacken, dass sie trotzdem einen schönen Tag miteinander verbringen können. Andere, wohl die meisten, schaffen das leider nicht. Die Gefühle, die zwischen ihnen stehen, sind einfach noch zu stark. Und das kann nicht nur an Geburtstagen, sondern auch an Weihnachten, Ostern und anderen Feiertagen oder Familienfesten zum Problem werden. Denn wenn hinter den Gästen zwei wutentbrannte Erwachsene rumstehen, dann kann das die Stimmung auf jeder Party vermiesen. Da hilft auch kein Konfetti mehr. In diesem Fall ist es sicher für alle besser, auch für dich, dein Vater oder deine Mutter kommt nicht zum Fest. Auf jeden Fall solltet ihr vorher ganz offen darüber reden. Mach das Beste daraus! Warum überlegt ihr nicht, wie ihr zu zweit nachfeiern könnt? Ihr könntet euch verabreden und etwas Tolles unternehmen, nur ihr zwei, ins Kino gehen oder zum Schwimmen. Dann hast du am Ende sogar etwas gewonnen: Zwei besondere Tage und keinen Streit.

In ein paar Jahren, wenn der Zorn zwischen deinen Eltern verraucht ist, könnt ihr möglicherweise wieder alle zusammen feiern. Aber wer weiß: Vielleicht willst du das dann gar nicht mehr, weil du dich schon daran gewöhnt hast, noch einen Extra-Spezial-Geburtstag zu haben oder ein zweites Weihnachten.

Sind meine Eltern auch traurig über die Trennung?

Was haben Weißstörche, Regenbogenpapageien und Höckerschwäne gemeinsam? Richtig: Sie gehören zu den wenigen Tieren, die ein Leben lang mit ihrem Partner zusammenbleiben. So ist es in der Regel auch bei Eltern gedacht. Sie haben sich für eine Person entschieden, gemeinsame Kinder bekommen und sie hatten sicher vor, sie zusammen großzuziehen. Eine Trennung bedeutet also immer, dass ein ziemlich guter Plan schiefgegangen ist. Und das ist traurig. Deine Eltern hatten sich das mit ihrer Beziehung anders vorgestellt. Bestimmt sind sie enttäuscht und wütend darüber, dass sie sich geirrt haben, als sie daran glaubten, sie könnten miteinander alt werden. Und sie sind garantiert sehr unglücklich, dass du die Trennung miterleben musst. Dass will kein Vater und keine Mutter für das eigene Kind. Trotzdem wirst du die beiden vielleicht nie weinen sehen: Viele Eltern versuchen ihre eigene Wut und Trauer vor ihren Kindern zu verstecken, um die Trennung nicht noch schwerer für sie zu machen. Gut möglich also, dass du nicht immer genau weißt, wie es ihnen wirklich geht. Wenn dich das beschäftigt, solltest du sie direkt danach fragen! Sobald die Trennung endgültig ist und wieder etwas Normalität einkehrt, kann es gut sein, dass das Gefühl der Traurigkeit bei deinen Eltern Platz für ein anderes macht – für Erleichterung. Darüber, dass sie den Ärger hinter sich gebracht haben und sie nun neu anfangen können. Bei einigen Eltern gibt es die leise Hoffnung, eines Tages einen neuen Partner zu finden, mit dem es noch einmal klappen könnte. Du siehst: Auch die Gefühle der Eltern sind vor, während und nach einer Trennung immer in Bewegung.

Kann man Eltern verlieren?

Ein Elternteil zu verlieren ist für die meisten Kinder die allerschlimmste Vorstellung. Wie aus einem Gruselfilm. Kein Wunder, denn Kinder gehören zu ihren Eltern und sollten möglichst nicht von ihnen getrennt sein. Leider kommt es trotzdem hin und wieder vor: Wenn ein Elternteil mit all dem Stress, mit der Enttäuschung und den Veränderungen, die eine Trennung mit sich bringen kann, nicht klarkommt, kann es schon mal passieren, dass er eine Zeit lang abtaucht. Der Elternteil zieht sich in seinem neuen Zuhause zurück wie ein Bär in seine Höhle, ist vielleicht schwer erreichbar, ruft nicht zurück, gibt sich keine Mühe in Kontakt zu bleiben. Das kann Kindern richtig wehtun. So ein Verhalten hat meist aber nichts damit zu tun, dass die Eltern ihre Kinder nicht mehr wollen. Sie sind zu beschäftigt damit, ihren eigenen Problemhaufen wegzuschaufeln. Sie brauchen Zeit, den Schock der Trennung zu verdauen, ihren Ärger loszuwerden oder in Ruhe zu trauern. Wenn es dir mit deiner Mama oder deinem Papa so geht, zeig ihnen, dass du ihn oder sie brauchst und vermisst. Nach einiger Zeit kommen die meisten zurück und versuchen, wieder für ihre Kinder da zu sein. Leider gibt es auch Eltern, die sich mit Absicht gegen die Familie entscheiden. Die verschwinden und ein komplett neues Leben beginnen wollen. Das ist für Kinder besonders hart. Sie suchen nach Gründen, glauben, dass sie etwas falsch gemacht haben – was natürlich nicht stimmt. Die Ursachen für so ein Verhalten liegen immer bei den Erwachsenen. Dass Kinder ihre Eltern nach einer Trennung ganz verlieren, geschieht zum Glück selten: Die allermeisten Eltern in Deutschland entscheiden sich für das sogenannte gemeinsame Sorgerecht. Das heißt, sie wollen bei ihren Kindern bleiben und beide für sie da sein.

NEUE FAMILIEN UND ANDERE

KOMPLIZIERTE SACHEN

Kann ich mehrere Eltern haben?

Eine Familie kann wachsen wie ein Baum, und gerade nach der Trennung von Eltern kann dieser Baum neue Äste, Zweige und Blätter bekommen. Mutter und Vater gibt's nur einmal im Leben, das sind deine leiblichen, also biologischen Eltern. Aber auch eine Stiefmutter oder ein Stiefvater fühlt sich für viele Kinder irgendwann an wie ein Elternteil – obwohl sie nicht wirklich verwandt sind. Wenn dein Vater eine neue Frau oder deine Mutter einen neuen Mann hat und ihr zusammenlebt, kann es sein, dass sie oder er sich dir gegenüber nach einiger Zeit wie ein Elternteil verhält und sich um dich sorgt. Dich mal von der Schule abholt, mit dir deine Geburtstagsparty plant und Regeln für euer gemeinsames Zuhause aufstellt. Dazu können auch die nervigen Sachen wie Müll wegbringen gehören. Wenn ihr euch richtig gut versteht, ist es möglich, dass du das akzeptierst oder vielleicht sogar schön findest. Meist sind diese Beziehungen allerdings eher kompliziert. Das ist normal. Und selbst, wenn sich dein Papa oder deine Mama wünschen, dass du dich gut mit ihrem neuen Partner verstehst und dass ihr wie eine Familie seid: Das Eltern-Gefühl kann man nicht erzwingen. Es ist etwas, das über Jahre wachsen muss. Auf keinen Fall musst du übrigens zur neuen Freundin deines Papas »Mama« sagen oder zum Freund deiner Mama »Papa«. Auch nicht, wenn sie dich darum bitten. Ob du das möchtest, entscheidest allein du. Wenn dir Stiefeltern Vorschriften machen, mit denen du absolut nicht einverstanden bist, kannst du das immer mit deinen leiblichen Eltern besprechen. Es ist ihre Aufgabe, das für dich geradezubiegen, sie haben dich schließlich in die Situation gebracht. Klar musst du dich an gewisse Regeln halten, wenn ihr zusammen unter einem Dach lebt. Trotzdem hast du ein Recht zu sagen, wenn du das Gefühl hast, dass dich jemand ungerecht behandelt.

Bin ich dann auch geschieden?

Nein, das bist du nicht, aber es kann gut sein, dass es sich eine Zeit lang so anfühlt. Schließlich waren deine Eltern und du ein Team, solange du dich erinnern kannst. Jetzt, nach der Trennung, kommt es dir wahrscheinlich vor, als würden Papa und Mama auf einmal in unterschiedlichen Mannschaften spielen – und du sitzt irgendwo dazwischen und weißt nicht mehr genau, zu welcher Seite du gehörst. Vielen Scheidungskindern geht es so. Da bist du nicht allein. Es kann ziemlich stressig sein, zwischen dem einen und dem anderen Zuhause hin- und herzuwechseln, zwei Zimmer, zwei Familien, vielleicht sogar zwei Freundeskreise zu haben. Manchen Kindern kommt es vor, als hätten sie ein doppeltes Leben. Es dauert eine Weile, bis man sich daran gewöhnt. Wenn es gut läuft, fühlt es sich irgendwann okay für dich an, dass du abwechselnd in »Team Mama« und in »Team Papa« bist. Das heißt überhaupt nicht, dass ihr gegeneinander spielt. Nur spielt ihr eben auch nicht mehr alle zusammen.

Kann ich mehrere Eltern haben?

Werde ich bei beiden ein eigenes Zimmer haben?

Manchmal gibt es nichts Besseres, als die Zimmertür zuzumachen und endlich seine Ruhe zu haben. Um ungestört zu spielen oder ein Comic zu lesen. Oder um mit der besten Freundin oder dem besten Freund zu telefonieren, ohne dass jemand mit großen Ohren zuhören kann. In unserem Zimmer – oder in unserer Zimmerhälfte – sind wir die Chefs, wir bestimmen, welches Hörspiel läuft und ob über unserem Bett Bilder von Sportlern oder doch lieber von Pferden hängen. Niemand soll uns reinquatschen, und wir können einfach sein wie wir wollen. Das nennt man Privatsphäre – und die braucht jeder Mensch hin und wieder. Klar also, dass du dir auch im neuen Zuhause ein Kinderzimmer wünschst, für dich und deine Geschwister, falls du welche hast, oder sogar für dich ganz allein. Vielleicht bekommst du es. Vielleicht aber auch nicht. Das hängt davon ab, was für eine Wohnung oder was für ein Haus sich deine Eltern im Moment leisten können. Nicht alle haben direkt nach einer Trennung genug Geld, um den Kindern ein eigenes Zimmer zu ermöglichen. Manche haben bei einem Elternteil ein Kinderzimmer und beim anderen nicht. Das ist ungewohnt, lässt sich aber manchmal nicht ändern. Deine Eltern versuchen sicher alles, um es dir oder euch so schön wie möglich zu machen. Oft ist die neue Bleibe nur eine Übergangslösung, bis sie sich eine größere leisten können. Mach in der Zwischenzeit das Beste draus: Such dir Orte, an denen du trotzdem Ruhe finden kannst. Vielleicht darfst du dir im Wohnzimmer eine Ecke für deine Spielsachen einrichten oder den Küchentisch als Mal- und Schreibtisch benutzen. Und ihr könntet Zeiten verabreden, in denen du die geteilten Zimmer mal ganz für dich allein haben darfst. Sobald deine Mama oder dein Papa die Möglichkeit haben, dir ein eigenes Zimmer zu geben, werden sie es sicher tun.

Hat Papa mich noch genauso lieb, wenn ich mit Mama in eine andere Stadt ziehe?

Liebe kann um die ganze Welt fliegen wie ein Düsenjet. Sie kann Berge überwinden, Wüsten überqueren und sogar Ozeane. Egal ob ihr 10, 100 oder 1000 Kilometer auseinander wohnt: Wenn man jemanden richtig lieb hat, sollten Entfernungen eigentlich nichts daran ändern. Allerdings: Auch ein Düsenjet muss zwischendurch mal tanken, und es ist wichtig, dass man der Liebe neuen Treibstoff gibt, damit sie stark genug bleibt. Zum Beispiel, indem ihr übers Telefon und Internet Neuigkeiten miteinander teilt. Je mehr dein Papa über dein Leben erfährt, über deine Gedanken und Erlebnisse, desto näher wird er sich dir fühlen. Und umgekehrt gilt das Gleiche. Am besten könnt ihr aber auftanken, indem ihr euch besucht. Dabei kommt es gar nicht immer darauf an, wie viel Zeit ihr miteinander habt, sondern vor allem darauf, wie ihr sie verbringt. Dass ihr einander zuhört und die Zeit zu etwas Besonderem macht. Gemeinsame Erlebnisse wie schöne Ausflüge, kleine Abenteuer oder ein gemütlicher Spiele-Nachmittag schweißen nämlich zusammen. Auch gemeinsame Rituale können helfen – das sind die Sachen, die wir regelmäßig miteinander tun. Wie wäre es, wenn ihr immer samstags zusammen Pizza backen oder einen Filme-Abend machen würdet oder etwas anderes, das Spaß macht? So hättet ihr etwas, das dich und deinen Papa verbindet und worauf ihr euch jedes Mal freuen könnt.

Leider gibt es auch Eltern, die nach einer Trennung Zeit für sich brauchen, um mit ihrem neuen Leben klarzukommen, und deshalb keinen Kontakt wollen. Das ist für Kinder besonders schwer zu verstehen, wenn sie einen Elternteil nicht sprechen oder sehen können. Denn die Kinder haben ja gar nichts falsch gemacht. Sie können nichts dafür, dass sich ihr Vater oder ihre Mutter so blöd verhält. Wenn es dir auch so geht, ist es wichtig, dass du mit jemandem darüber redest. Das lässt das Problem nicht verschwinden, aber du kannst über deine Gefühle sprechen und das tut gut. Manchmal kann es auch helfen, deine Gefühle anders auszudrücken, zum Beispiel durch Musik. Was auch immer dich in dieser schwierigen Situation tröstet.

Warum suchen sich meine Eltern neue Partner?

Zusammen – hast du sicher auch festgestellt – machen viele Dinge einfach mehr Spaß. Manches geht gar nicht erst allein: Gummitwist zum Beispiel oder Monopoly. Und wem soll man seine Geheimnisse verraten, wenn man niemanden an seiner Seite hat, dem man vertraut? Genau. Die meisten Menschen brauchen einfach andere Menschen, um glücklich zu sein. Das ist so, weil die meisten von uns lieber mit anderen zusammen sind als allein. Diese anderen können gute Freunde sein, Familie, aber fast alle Erwachsenen sehnen sich nach einem Partner, den sie lieben und mit dem sie ihr ganzes Leben teilen können. Sie wollen sich sicher sein, dass da einer ist, der immer für sie da ist und der ihre komplizierte Erwachsenenwelt versteht. Dass deine Eltern jetzt einen neuen Partner suchen, ist also völlig normal, das Bedürfnis danach liegt in ihrer Natur. Wahrscheinlich hast du lange gehofft, dass deine Mama und dein Papa wieder zusammenkommen. Ein neuer Partner ist leider der Beweis, dass die Trennung deiner Eltern endgültig ist, sie mit ihrem Leben weitermachen und wieder glücklich werden wollen. Verständlich, dass du diesen Gedanken nicht leiden kannst oder dass es dir unangenehm ist, wenn sie den neuen Partner küssen und umarmen. Aber die meisten Erwachsenen sind glücklicher, wenn sie einen Partner haben. Und glückliche Eltern sorgen für gute Laune im Haus – und da hättest du am Ende auch was von.

F-R
F-RAL
RAL
5
23

23
TURBO
ZE-164
FINNAIR

Was kann ich tun, wenn ich den neuen Freund meiner Mutter nicht mag?

Zuerst könntest du dir eine zweite wichtige Frage stellen. Nämlich: *Magst du den neuen Freund deiner Mutter nicht, weil er doof ist oder magst du ihn nicht, weil er mit deiner Mutter zusammen ist?* Das ist ein ziemlich großer Unterschied, denn für das Doofsein kann der neue Freund etwas. Für alles andere wahrscheinlich eher nicht. Es ist zwar möglich, dass der neue Freund einer der Gründe für die Trennung war – und es ist gut nachvollziehbar, dass dich das sauer macht. Aber trotzdem ist es nicht allein seine Schuld, dass deine Eltern nicht mehr zusammen sind. Diese Entscheidung haben sie selbst getroffen, und vermutlich hätten sie das genauso getan, wenn es den neuen Freund oder die neue Freundin gar nicht geben würde. Klar ist es nicht leicht, sich daran zu gewöhnen, dass der Mann an Mamas Seite jetzt ein anderer als dein Papa sein soll. Wahrscheinlich findest du die Vorstellung sogar richtig fies. Aber dafür solltest du den neuen Partner nicht bestrafen. Bestimmt ist die Situation auch für ihn nicht einfach. Vielleicht hat er nicht so viel Ahnung von Kindern. Oder er ist unsicher, weil er spürt, dass du ihn für einen Eindringling hältst. Versuch doch, ihm eine Chance zu geben und ihn besser kennenzulernen. Vielleicht ist er ja in Wirklichkeit ganz okay. Wenn sich stattdessen herausstellt, dass er ein echter Blödmann ist – kann ja gut sein –, dann musst du nicht so tun, als würdest du ihn toll finden. Nicht einmal, um deiner Mama einen Gefallen zu tun. Du kannst ehrlich deine Meinung sagen.

Warum ist das neue Baby auf einmal wichtiger als ich?

Babys sind kleine Aufmerksamkeits-Fresser. Ständig bekommen sie Milch, frische Windeln, werden gestreichelt und geschaukelt. Und immer wenn sie schreien, springen die Eltern auf und rennen los. Alles dreht sich nur noch um den kleinen Wurm. Kein Wunder, dass man da eifersüchtig wird! Wenn ein neues Baby in die Familie kommt, haben viele Kinder das Gefühl, dass sie nicht mehr so wichtig sind wie bisher. Und besonders schwer ist es, wenn das Baby einen anderen Elternteil hat. Das kann sich anfühlen, als ob Mama oder Papa jetzt eine nagelneue Familie hätte. Völlig verständlich, wenn dich das wütend macht. Aber ihr Verhalten hat nichts damit zu tun, wie wichtig du ihnen bist. Die Natur hat es einfach so eingerichtet, dass Babys ihre Eltern dazu bringen, alles stehen und liegen zu lassen und genau das zu tun, was die Kleinen gerade brauchen. Babys können ja noch nichts außer rumliegen und Geräusche machen. So war das früher auch bei dir. Also keine Sorge: Das geht vorbei. Sie wachsen ja. Trotzdem hast du natürlich weiterhin ein Recht auf Nähe und Aufmerksamkeit, und das kannst du ruhig einfordern. Sag deiner Mama oder deinem Papa: »Hey, ich bin auch noch da! Ich brauche dich!« Dann wird ihnen wahrscheinlich klar, dass sie dich gerade etwas vernachlässigen, und sie werden sich dir wieder mehr zuwenden. Bestimmt fragst du dich hin und wieder, ob das Baby überhaupt richtig zu deiner Familie gehört, wenn ihr gar nicht die gleichen Eltern habt. Die Antwort ist: Ja. Halbbrüder und -schwestern gehören dazu. Ihr seid verwandt. Das Baby kann ja nichts dafür, dass deine Eltern geschieden sind, und ihr werdet in Zukunft viel Zeit miteinander verbringen. Da kommt es nicht so sehr drauf an, wer von wem abstammt. Viel wichtiger ist, dass ihr einander gernhabt.

Liebt Mama ihren neuen Freund mehr als mich?

Pfauen führen die verrücktesten Tänze auf, um ihre zukünftigen Partnerinnen zu beeindrucken, verliebte Skorpione greifen einander an den Scheren und schunkeln zusammen, und manche Fische färben sich bunt ein und umkreisen sich. Doch nicht nur die Tiere, auch Eltern können sich ganz schön komisch verhalten, wenn sie die rosarote Brille auf der Nase haben. Sie summen vor sich hin, hören nicht richtig zu, träumen am Küchentisch. Die Welt hängt für sie voller Herzluftballons, und sie können scheinbar nur noch an eins denken: ihre neue Liebe. Wenn du also mal das Gefühl hast, weniger Aufmerksamkeit und Nähe zu bekommen als sonst, stimmt das wahrscheinlich sogar. Schuld sind die Glückshormone, die durch den Körper schwimmen und Gefühle ganz schön durcheinanderwirbeln. Deshalb können sich Verliebte nur schwer auf etwas anderes konzentrieren. Die gute Nachricht: Nach ein paar Monaten oder wenn du Pech hast, erst nach vielen Monaten, wird die Verliebtheit von der Liebe abgelöst und es wird ruhiger. Die zweite gute Nachricht: Das alles bedeutet nicht, dass dich deine Mama oder dein Papa weniger lieb haben. Die Liebe zum eigenen Kind ist etwas ganz anderes als die zwischen zwei Erwachsenen. Egal, wie verliebt deine Mama oder dein Papa sind, als Kind wirst du immer die Nummer eins in ihren Herzen sein. Es ist zwar doof, dass du die freie Zeit, die deine Mama oder dein Papa hat, jetzt noch mit jemand anderem teilen musst. Aber versuch es doch mal so zu sehen: Vielleicht ist der neue Freund oder die neue Freundin ja sogar ganz nett. Und ist es nicht schön, dass Mama oder Papa jetzt nicht mehr traurig, sondern glücklich ist?

Wohin kann ich gehen, wenn mir alles zu viel wird?

Wie schön es wäre, ein geheimes Baumhaus zu haben. Oder ein gemütliches Höhlenversteck. Oder noch besser: ein eigenes Flugzeug, mit dem man davonfliegen und den Stress zu Hause einfach hinter sich lassen könnte. Wenn wir Ärger haben, möchten wir uns manchmal am liebsten vor ihm verstecken. Das geht jedem so, ist aber leider nicht immer ganz einfach. Wer hat schon ein Baumhaus, eine Höhle oder ein Flugzeug? Sicher fällt dir trotzdem ein Ort ein, an dem du dich wohlfühlen und mal kurz deine Ruhe haben kannst. Und wenn es nur das kleine Holzhaus auf dem Spielplatz um die Ecke ist. Zum Glück gibt es noch andere Wege, ein bisschen rauszukommen – und die sind oft viel schöner, als sich zu verstecken. Das Beste ist erst mal mit jemandem zu sprechen. Ruf deine Großeltern an, deine Onkel, Tanten, Patentanten, einen guten Freund oder eine gute Freundin. Erzähl ihnen, dass du traurig bist und Ablenkung brauchst. Das ist nicht nur gut, weil sie dir zuhören und dich trösten können, sondern, weil es unter ihnen garantiert jemanden gibt, der etwas Cooles mit dir unternehmen würde. Vielleicht ist sogar jemand dabei, bei dem du mal ein paar Nächte schlafen darfst. Tapetenwechsel nennen Erwachsene es, wenn sie den Ort wechseln, um auf andere Gedanken zu kommen. Probier's mal aus. Oft reichen schon ein paar Stunden bei Freunden oder eine Nacht bei Oma, und schon sieht die Welt wieder ein klein wenig freundlicher aus.

Das sagen die Kinder aus diesem Buch zum Thema Trennung und Scheidung

Was hast du als Erstes gedacht, als deine Eltern dir von der Trennung erzählten?

- Es war wie ein Weltuntergang.
- Am liebsten hätte ich auf den Tisch gehauen, so dass alles hoch fliegt
- Ich war ziemlich traurig.
- Wer muss jetzt ausziehen?
- Ich hab es nicht geglaubt.
- Haben die beiden sich das auch richtig überlegt?
- Jetzt gibt es weniger Probleme.
- Auf wessen Seite steh ich?
- Als ich die Nachricht gehört habe, wusste ich nicht, was ich machen sollte.
- Hat das auch irgendetwas Gutes?
- Jetzt ist es nicht mehr so laut, es gibt keine Schimpfwörter mehr.
- Wohin ziehen wir?
- Es ist doof, dass wir nun umziehen müssen.
- Gut, dann ist der Streit endlich vorbei und meine Eltern müssen sich nicht mehr ärgern.

Was war blöd an der Trennung?

- Man kann nichts mehr zusammen machen, so wie früher.
- Die Gerichtsprozesse
- Ich musste ständig daran denken, dass jetzt alles kaputt ist.
- Wir sitzen nur noch zu zweit am Frühstückstisch.
- Ich hatte Angst zu sagen, dass ich den Anderen vermisse.

Was war gut an der Trennung?

- Manche sagen, dass sie nach der Trennung mehr Geschenke bekommen. Ich hätte es lieber, wenn meine Eltern noch zusammen wären.
- Ich habe nun zwei verschiedene Leben. Eins bei Papa und eins bei Mama.
- Nichts
- Ich mag mein neues Zimmer mehr als mein altes.
- Mein Papa mag keine Tiere, aber ich. Bei Mama hab ich nun einen kleinen Hund.

Hast du Tipps für Kinder, deren Eltern sich gerade trennen?

- Lass es locker angehen. Mach weiter wie immer.
- Wenn du im Bett liegst und hörst, dass sie sich streiten, und du kannst deswegen nicht schlafen: Mach eine CD an, ganz laut, oder lies, sodass du den Streit nicht mehr hörst.
- Lass dich nicht in den Streit deiner Eltern reinziehen.
- Halte zu beiden Eltern gleich.
- Rede mit anderen, mit jemandem, dem du vertraust.
- Es wird mit der Zeit besser.
- Besprich mit deinen Eltern, dass sie nicht so weit voneinander wegziehen.
- Sag beiden, dass du sie gleich stark magst, aber du auch genauso stark von ihnen enttäuscht bist.
- Hör in dich rein und sag nicht immer nur: Alles ist gut!
- Zeig deinen Eltern, wie es dir geht.

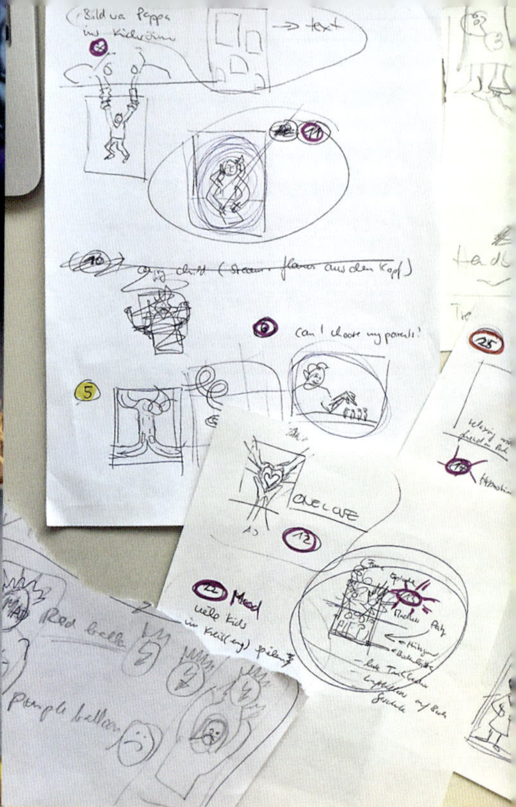

In dieser Reihe sind bei Gabriel bereits erschienen:
Kriegen das eigentlich alle? – Die besten Antworten zum Erwachsenwerden

Wir bedanken uns besonders bei den Kindern, die uns mit ihren Erfahrungen und Ideen unterstützt haben: Asya Albayrak, Amandino Becker, Aleandro Becker, Linus Dowe, Matilda Groß, Simon Groß, Josi Haffmans, Konrad Haffmans, Emil von Kurnatowski, Nele Lehmann, Lilli Lou Mallmann, Peter Meisel, Sascha Meisel, Nicolas Müller, Greta Niederstraßer, Arthur Oette, Oskar Päffgen, Anna-Lena Steiner, Lene Wollwerth, Mika Wollwerth sowie den Kindern der Trennungsprojektgruppe an der Tveita Schule in Oslo.

Solveig Ude, Nina Kjeldstrup Olsen und Christina Oette danken wir für die organisatorische Unterstützung.

Jan von Holleben dankt Anna Schäflein für die fotografische und konzeptionelle Assistenz sowie Marc von Holleben, Simona Honsell und Merle von Holleben, die als Statisten mitwirkten.

Dialika Neufeld dankt dem Kinder- und Jugendpsychiater Professor Dr. Michael Schulte-Markwort für die fachliche Beratung.

Arne Jørgen Kjosbakken dankt Dimitrij Kielland Samoilow und Hedvig Montgomery für die Unterstützung in allen psychologischen Fragen sowie all seinen Patienten für ihre Offenheit.

Empfohlen von »Dein SPIEGEL«

Neufeld, Dialika/Kjosbakken, Arne Jørgen/von Holleben, Jan:
Und was wird jetzt mit mir?
ISBN 978 3 522 30472 6

Idee, Konzept und Fotografie: Jan von Holleben
Texte: Dialika Neufeld
Inhaltliches Konzept: Arne Jørgen Kjosbakken
Einbandtypografie: Dagmar Herrmann
Vorlage Innenlayout: Rüdiger Joppe
Satz: Tanja Haaf
Reproduktion: Digitalprint GmbH, Stuttgart
Druck und Bindung: Livonia Print, Riga

2. Auflage 2021